Ein Haus bauen

Isabelle de Ridder

Zeichnungen: Ron Offerman

Ars Scribendi Verlag

Übersetzung + Lektorat
Simone Mann, BVK Buch Verlag Kempen GmbH

Autor
Isabelle de Ridder, Zoetermeer

Redaktion
Minke van Dam, Amersfoort
Marian van Gog, Lelystad
Isabelle de Ridder, Zoetermeer

Design
Astrid van der Neut, Rotterdam

DTP Deutsche Ausgabe
Freek Kuijstermans

Bilderfassung
Lineair Beeldresearch, Arnhem

Bilder
AdobeStock: karagrubis S. 13
Alamy/Imageselect, Wassenaar: omslag, S. 6
iStock, Calgary: S. 8, 10
Shutterstock: New York S. 14, 18, 20, bogdanhoda S. 11
und FOTOGRIN S. 12.
Berlinda van Dam/HH, Den Haag: S. 16
Gpointstudio/HH, Den Haag: S. 22

Zeichnungen
Ron Offerman

MIX
Papier van verantwoorde herkomst
FSC
www.fsc.org
FSC® C004472

0 / 16

Kontaktieren Sie **lektorat@coronalesen**.de oder besuchen Sie: **www.arsscribendi.de**.
Fragen zu den Veröffentlichungen von Ars Scribendi richten Sie bitte an den Herausgeber.
Der Herausgeber übernimmt keine Verantwortung für Fehler oder Missverständnisse.

ISBN 978-94-6341-561-3

Mehr Informationen über unser Programm finden Sie auf **www.arsscribendi.de**.
Bestellen können Sie über unsere Webseite oder über den (Online-)Buchhandel.

Dieses Logo bietet Erstlesern, leseschwachen Kindern, Lehrern und Lehrerinnen online eine zusätzliche Hilfe zu diesem Buch.

Verwenden Sie dafür den Code auf **www.coronalesen.de**

15613

Wovon handelt das Buch?

Schau mal!

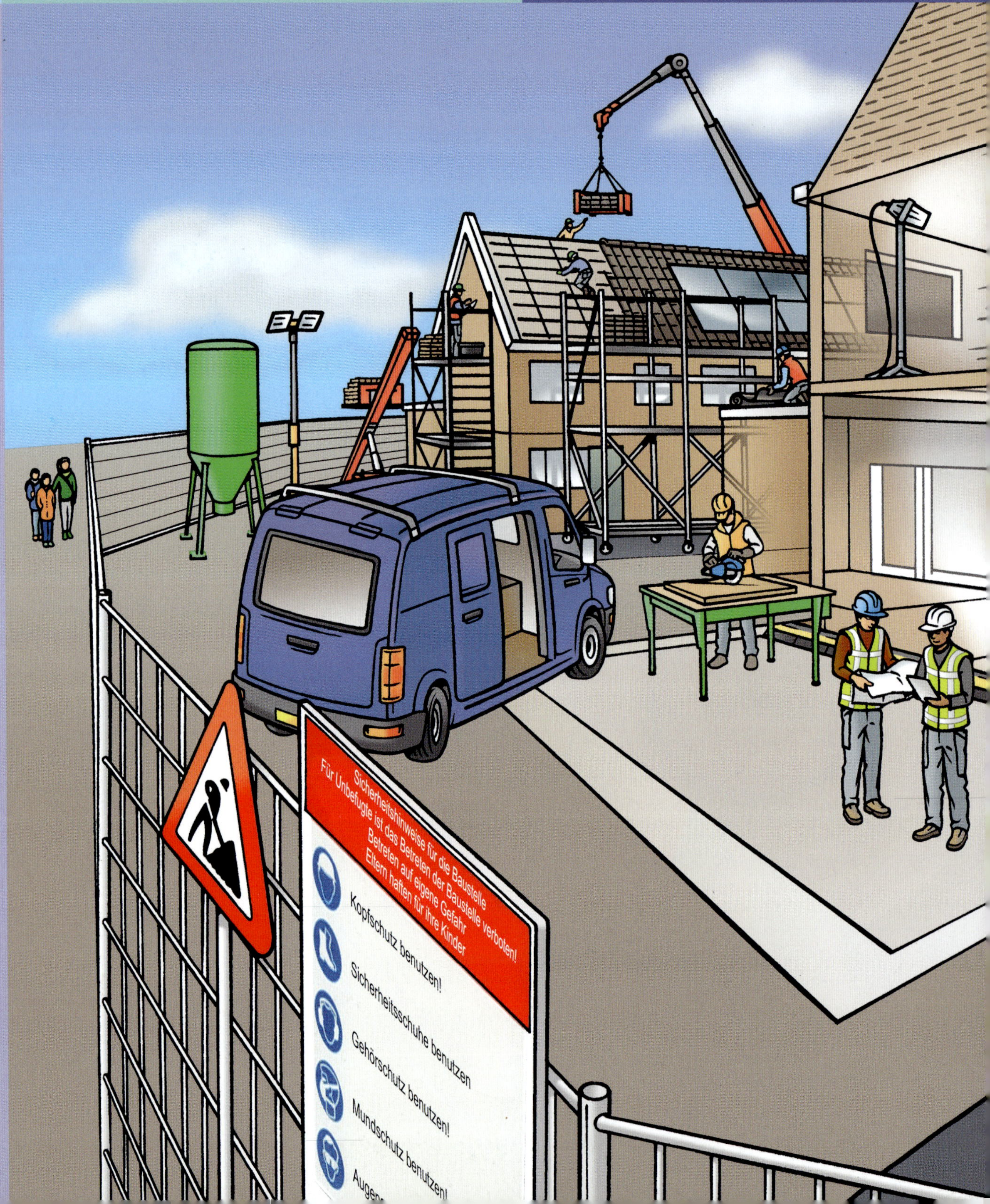
Sicherheitshinweise für die Baustelle
Für Unbefugte ist das Betreten der Baustelle verboten!
Betreten auf eigene Gefahr
Eltern haften für ihre Kinder
Kopfschutz benutzen!
Sicherheitsschuhe benutzen
Gehörschutz benutzen!
Mundschutz benutzen!

Ein neues Haus

Dieses Haus ist noch nicht fertig.

Es gibt keine Dachpfannen.

Um das Haus steht ein Baugerüst.

So kommen die Handwerker bis nach oben

Schau dich einmal um, überall siehst du Häuser:
Reihenhäuser, Einfamilienhäuser, Hochhäuser und noch viele mehr.
All diese Häuser wurden irgendwann einmal gebaut.
Manche vor sehr langer Zeit,
andere Häuser sind noch neu.

Ein Haus wird auf einem Grundstück gebaut.
Manchmal entstehen auch mehrere Häuser,
zum Beispiel in einer Reihe oder in einem Viertel.
Ein Haus zu bauen, ist schwere Arbeit.
Viele Menschen arbeiten daran mit.
Jeder hat eine bestimmte Aufgabe.

Diese Menschen arbeiten zum Beispiel beim Bau eines Hauses mit. Man nennt sie Bauarbeiter und Handwerker.

ein Kranführer

ein Zimmermann

eine Malerin

ein Maurer

ein Heizungsbauer

Der Anfang

Lisa plant ein neues Haus.
Zuerst zeichnet sie es.
Dann prüft sie,
ob das Haus so gut ist.

Ein Architekt plant, wie ein Haus später aussehen soll und aus welchem Material es gebaut wird.
Er überlegt sich, wo die Mauern, Fenster und Türen sein sollen.
Und ob das Haus ein flaches Dach oder ein spitzes Dach bekommt.
Außerdem sucht er den geeigneten Platz für die Küche, das Bad und das WC.

die 3D-Zeichnung

Auf seinem Computer macht der Architekt eine Zeichnung.
Darauf sieht man das Haus von allen Seiten.
Auf einem Grundriss erkennt man die einzelnen Räume.
Manchmal wird auch ein Modell erstellt.
Das zeigt das Haus in Klein.

der Grundriss

das Modell

Ein Haus mit Keller

Hier entsteht ein Haus mit Keller.
Aber erst muss ein großes Rohr
im Boden verlegt werden.
Darüber wird das Abwasser abgeleitet.

Die Stelle, an der ein Haus gebaut wird,
muss gut vorbereitet werden.
Sträucher und Bäume müssen weg.
Außerdem muss der Boden fest genug sein,
um das Haus später tragen zu können.

Wenn ein Haus einen Keller haben soll,
graben die Bauarbeiter erst eine Baugrube.
Das ist eine sehr große und tiefe Grube
mit einem flachen Boden.
Mit je zwei Holzwänden hintereinander
kleidet man die Grube ringsherum aus.
Das nennt man Verschalung.
In die Mitte und zwischen die zwei Holzwände
gießt man über einen großen Schlauch Beton.
So entstehen die Wände und der Boden des Kellers.
Den Boden verstärkt man noch,
indem man Stahlmatten in dem noch flüssigen Beton verlegt.

Die Bodenplatte

Bevor man die Wände errichtet,
wird oft eine Bodenplatte gegossen.
Die nennt man auch Fundament.
Darauf kann das Haus stabil stehen.

An manchen Stellen ist der Boden sehr weich.
Ein Haus ist aber groß und schwer und könnte darin einsinken.
Deshalb muss man ein stabiles Fundament gießen.
Aber nicht jedes Haus braucht so ein Fundament.

Die meisten Häuser in Deutschland stehen
auf einem sogenannten Streifenfundament.
Dabei werden nur einzelne Streifen Beton
nach dem Grundriss des späteren Hauses gegossen.
Dafür braucht man wieder eine Verschalung.
Die Fundamentstreifen tragen später die Last der Wände.
Manchmal nutzt man auch schon fertige Betonteile für das Fundament.

Mauern und Dach

Was hängt da in der Luft?

Das ist die Mauer eines Fertighauses.

Der Kran setzt die Mauer

an den richtigen Platz.

Ein Haus wird in einer bestimmten Reihenfolge gebaut.

Erst werden die Mauern errichtet.

Es sind fertige Mauern oder Mauersteine, die aufeinandergesetzt werden.

Türen und Fenster werden vorher eingeplant.

Ein großer Lastwagen bringt die Mauern oder Steine zur Baustelle.

Dort hebt ein Kran alles vom Lastwagen.

So läuft es auch mit dem Dach ab.

Ein Fertighaus kann schnell gebaut werden.

Wenn ein Haus komplett gemauert wird, dauert es länger.

Klinker und Dachpfannen

Holger gibt eine Dachpfanne an.
Jürgen legt sie ab.
Das machen sie so lange,
bis das Dach dicht ist.

Wenn die Mauern stehen,
kommt an die Außenseite noch Klinker.
Der Maurer setzt einen Stein auf den anderen.
Zwischen den beiden Mauern ist ein Hohlraum.
Dort hinein kommt die Dämmung.
Die Dämmung hält die innere Mauer trocken.
Im Winter bleibt die Wärme dadurch im Haus.
Im Sommer bleibt die Hitze draußen.

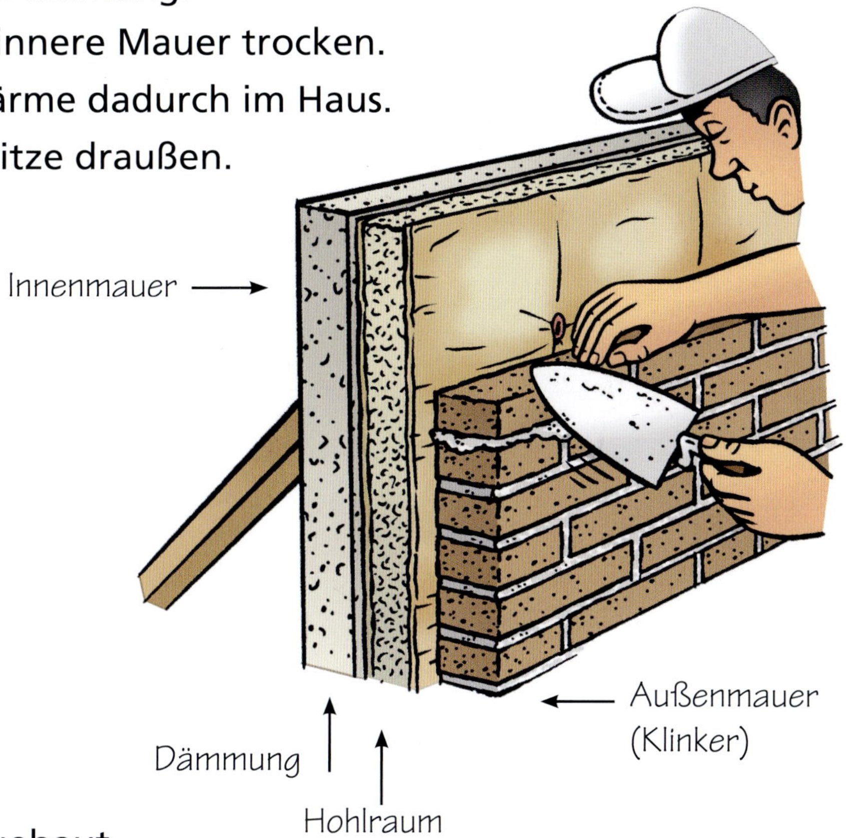

Danach wird das Dach gebaut.
Auf ein spitzes Dach kommen Dachpfannen.
Das Dach muss stabil sein und vollkommen dicht,
damit kein Wind und kein Regen ins Haus gelangen.

Im Haus

Timo arbeitet im Haus.

Er schneidet eine Gipsplatte zurecht.

Die passt super.

So entsteht eine Wand.

Gleichzeitig mit den Arbeiten an der Außenwand
beginnen die Arbeiten im Haus.
Auf die Bodenplatte gießen die Handwerker
einen glatten Fußboden: Das ist der Estrich.
Die Handwerker bauen eine Treppe ein.
Und sie befestigen die Türen an ihren Plätzen.
Bei Fertighäusern stellen einige Handwerker
noch die Wände für die Zimmer auf.
Erst dann sieht man, wie groß alle Zimmer sind.

Strom und Wasser

Gregor sorgt für den Strom.

Strom ist sehr wichtig in einem Haus.

Er wird für die Lampen gebraucht

und für viele Geräte, wie den Fernseher.

In jedem Haus braucht man Wasser und Strom.
Die Leitungen werden im Boden verlegt,
bevor der Estrich gegossen wird.
Der Strom kommt über einen Verteilerkasten ins Haus.
Meistens ist der Kasten im Flur.
Der Strom sorgt für Licht und Wärme
und wird für viele Geräte gebraucht.
Ein Elektriker verlegt die Stromleitungen.
Er baut Steckdosen und
Lichtschalter für die Lampen ein.
Der Klempner schließt die Wasserhähne,
die Toilette und die Dusche an.
Außerdem sorgt ein Heizungsbauer dafür,
dass die Heizung funktioniert.

Fast geschafft

Das Haus ist fertig.

Jetzt wird gefeiert!

Alles ist neu.

Matze bekommt ein schönes Zimmer.

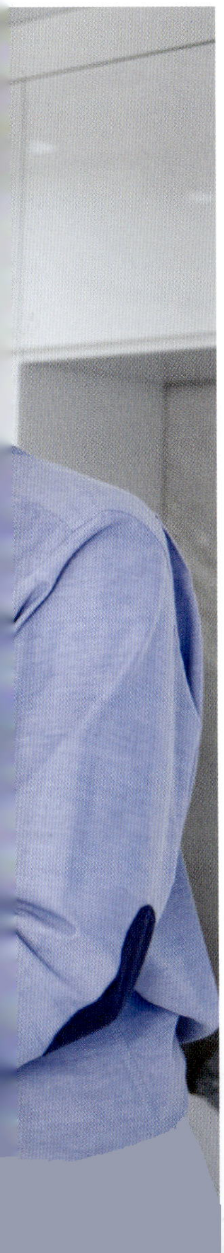

Die Handwerker verlegen noch Fliesen
und verputzen die Wände.
Zuletzt richten sie die Küche und das Badezimmer ein.
Dann ist das Haus fertig gebaut.
Die Bewohner bekommen den Schlüssel.
Sie müssen selbst noch kleine Arbeiten erledigen.
Sie können zum Beispiel einen Holzboden,
Fliesen oder Teppichboden verlegen.
Auf die Wände kommt Farbe oder Tapete.
Das machen die Bewohner selbst
oder sie beauftragen einen Handwerker.
Wenn alle Möbel an ihrem Platz stehen,
können die Bewohner einziehen.

Wichtige Wörter

die Baustelle
Markus schaut auf der Baustelle nach seinem Haus.

der Bauarbeiter / der Handwerker
Der Bauarbeiter bringt Holzbretter zum Haus.

der Grundriss
Der Bauarbeiter schaut sich den Grundriss an.

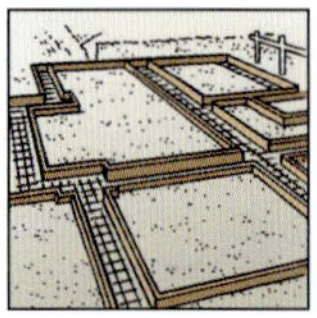

die Verschalung
In die Verschalung wird der Beton für den Keller und die Bodenplatte gegossen.

die Dämmung
Zwischen den Mauern ist ein Hohlraum mit einer Dämmung.

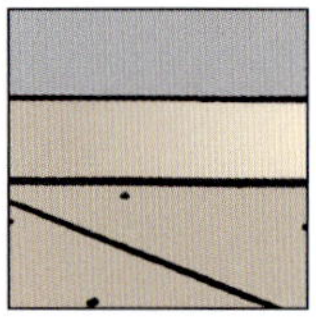

der Estrich
Auf das Fundament wird der Estrich gegossen.

die Klinker
Klinker sind besondere Ziegelsteine, die die Außenmauer eines Hauses bilden.

der Verteilerkasten
Der Elektriker verlegt Stromleitungen von dem Verteilerkasten in alle Zimmer.

Bücher in dieser Reihe:

978-94-6341-431-9

978-94-6341-432-6

978-94-6341-433-3

978-94-6341-434-0

978-94-6341-440-1

978-94-6341-430-2

978-94-6341-435-7

978-94-6341-436-4

978-94-6341-560-6

978-94-6341-561-3